I0037253

PIERRE LORENZO

1º EDIÇÃO

IMPOSTO DE RENDA DO INVESTIDOR

Aprenda a calcular, pagar e declarar impostos de diversos investimentos

•virgo

Imposto de Renda do Investidor © 2021 por Pierre Lorenzo. Todos os direitos reservados. Nenhuma parte deste livro pode ser usada ou reproduzida de qualquer forma, incluindo o uso na internet, sem autorização por escrito da editora, exceto no caso de citações breves incorporadas em artigos críticos e resenhas.

ISBN: 978-1-7774385-5-5

virgo publishers

www.virgopublishers.com
contato@virgopublishers.com

CONTEÚDO

INTRODUÇÃO

Faz tempo que venho observando um número crescente de pessoas investindo em ativos de renda variável, principalmente em ações na bolsa de valores, sem saber de suas obrigações fiscais. Esses investidores comemoram o lucro que obtém, mas esquecem de prestar as contas com a Receita Federal, o que inevitavelmente gera consequências graves, como o bloqueio do CPF e pagamento de multa e juros. Mas isso pode ser facilmente evitado quando se conhece as regras, e são exatamente essas regras, bem como a forma de aplicá-las que eu apresento de maneira clara neste guia. Já a renda fixa é mais simples e não envolve nenhum cálculo, mas ainda sim é importante o investidor estar ciente das alíquotas do imposto cobrado na fonte e saber como declarar seus rendimentos na declaração anual, o que também será abordado aqui. Portanto, espero poder esclarecer de forma satisfatória, todas as dúvidas que surgem quando o assunto é tributação de investimentos para que ninguém mais pague menos ou mais imposto do que deveria sobre seus rendimentos.

RENDA VARIÁVEL

TIPOS DE OPERAÇÕES

Existem dois tipos de operações na bolsa de valores: a comum e a day trade. Uma operação é considerada comum quando iniciada em um dia e finalizada no mínimo no pregão seguinte. Já o day trade é finalizado no mesmo dia, ou seja, a pessoa não permanece posicionada naquele ativo que negociou. É importante destacar que a ordem das operações não altera o produto, portanto, é irrelevante se você comprou ou vendeu primeiro. Um exemplo bastante interessante é quando uma pessoa tinha certa quantidade de ações da empresa X na carteira e resolve vender essas ações logo na abertura do pregão. Mais tarde, no mesmo dia, o preço das ações cai e ela resolve recomprar o mesmo número de ações. Isso se trata de uma operação day trade com lucro, pois será depositado na conta do investidor o ganho que ele teve com essa operação.

Já as ações que ele vendeu no início do pregão, permanecerão em sua carteira com o mesmo preço médio.

AÇÕES

A maioria dos conceitos que serão abordados aqui em relação a ações também se aplicam a outros tipos de investimentos, portanto, para que o conteúdo não fique repetitivo, eu irei recomendar que você leitor retorne a este tópico de ações quando tiver dúvidas sobre a apuração de lucro, cálculo de preço médio e rateio de taxas.

Day Trade

Todo lucro com day trade é tributável e a alíquota é de 20%. Na sua nota de corretagem, o lucro com este tipo de operação é exibido de forma separada, informando a base para cálculo do imposto. É essa base que representa o lucro para fins tributáveis. Na mesma área vem a projeção do imposto retido, que na verdade não é uma projeção, mas sim o imposto de fato retido. No final de cada mês, você deve somar o lucro do day trade apresentado em cada nota e reduzir o prejuízo, pois nos dias em que o resultado foi negativo, as notas exibem o valor exato do prejuízo. Se ao terminar de fazer a conta, você verificou que teve lucro no mês, calcule a alíquota de 20% sobre este lucro.

Tendo apurado o lucro total e calculado o imposto devido, você vai somar todo o imposto retido nas notas de corretagem para abater do imposto que você tem que pagar, antes de gerar a DARF.

Operações comuns

O lucro de operações comuns é isento se o volume mensal de venda for de até exatos R$ 20 mil. Na sua nota de corretagem, pode ser que apareça um valor de imposto na linha "I.R.R.F. s/ operações", se você tiver efetuado venda de operação comum mesmo que inferior ao limite de isenção. Neste caso, o imposto será de fato cobrado se você ultrapassar o limite de R$ 20 mil, portanto, verifique o seu extrato para ter certeza da cobrança do imposto.

A alíquota de imposto para o lucro de operações comuns é de 15% sobre todo o lucro se o limite de isenção for ultrapassado. É tudo ou nada. Ou você vende abaixo de 20.000 e não paga imposto nenhum, ou você ultrapassa o limite e todo o lucro será tributado.

Apuração de lucros

O lucro de day trade é muito fácil de apurar, pois ele vem separado na nota como sendo a base de cálculo do imposto retido neste tipo de operação. Se você fez day trade e operação comum no mesmo dia, fica fácil saber qual taxa foi destinada a qual operação, porque o lucro ou prejuízo do day trade exibido na nota, já está reduzido ou somado das taxas, respectivamente. Portanto, basta que você apure o lucro ou prejuízo bruto do day trade e calcule a diferença do valor exibido na base de cálculo do imposto na nota. O resultado será a taxa destinada ao day trade. De posse dessa informação, some todas as taxas cobradas na nota e subtraia a taxa do day trade para saber qual a taxa da operação comum. Lembrando que imposto retido não é taxa e não deve ser incluído no custo de suas operações.

Caso você efetue mais de uma operação comum no mesmo dia com ativos diferentes, deverá fazer o rateamento das taxas de acordo com o volume das operações. Exemplo: em um dia do mês de maio, você vendeu R$ 10.000 de VVAR3 e comprou R$ 15.000 de VALE3. O total movimentado foi, portanto, de R$ 25.000. As taxas de operação comum deram um total de R$ 10. Basta pegar o maior valor movimentado e encontrar a porcentagem sobre o volume total. No nosso exemplo, R$ 15.000 é igual a 60% do total de R$ 25.000, portanto, a taxa dessa operação foi de 60% de R$ 10, o que representa R$ 6. O que restou da taxa foi para as ações VVAR3. Quando a operação for de compra, você soma a taxa ao valor da operação e quando for de venda, você subtrai.

Não arredonde valores

Quando calculamos o preço médio de uma ação é normal aparecer valores como R$ 14,0425, mas você não deve arredondar tais valores antes de calcular o imposto. Faça o cálculo normalmente e, somente quando for gerar a DARF, aí você arredonda.

Exemplos

Vamos ver três exemplos de como funciona na prática os cálculos das operações que aparecem nas notas de corretagem.

1 - Dia com somente operação comum

Um investidor realizou a compra de 2.000 ações da empesa X e não fez nenhuma outra operação. Neste caso, o valor que aparece na nota de corretagem como sendo o valor líquido a ser debitado da conta bancária já é o custo total da compra.

2 - Dia com somente operação day trade

Um investidor realizou três operações de compra e venda no mesmo dia, encerrando todas as suas posições naquele dia. O lucro líquido exibido na nota de corretagem ao lado do imposto retido foi de R$ 231,08, mas o valor que de fato foi creditado em sua conta foi de R$ 228,77, pois houve o desconto do imposto. Neste caso, para fins de cálculo do imposto, o lucro a se considerar é de R$ 231,08, pois imposto retido não é taxa e não pode ser abatido de lucro.

3 - Dia com operação comum e day trade

O mesmo investidor do exemplo 1 comprou mais 1.000 ações da mesma empresa X e realizou alguns day trades. O primeiro passo é somar todos os valores de vendas do day trade e subtrair os valores de compra, chegando assim ao bruto do day trade. Se ele teve lucro, ele deve pegar este valor e subtrair da quantia que aparece na nota como sendo o resultado do day trade daquele dia, chegando ao valor da taxa cobrada. Por exemplo, ao subtrair as compras das vendas, encontrou-se o valor de R$ 300. Na nota, o resultado do day trade aparece como sendo de R$ 290, logo a taxa cobrada nessas operações foi de R$ 10. Mas se o investidor tivesse tido prejuízo de R$ -300, o resultado total exibido na nota seria superior, pois haveria o somatório das taxas. O próximo passo é somar todas as taxas cobradas na nota e subtrair a taxa destinada ao day trade. O resultado desta conta se refere a operação comum da compra de 1.000 ações da empresa X. Sendo assim, pegue o custo da compra dessas ações e some a taxa para obter o custo total.

4 - Venda parcial e compra

O investidor dos nossos exemplos resolveu vender 1.500 das 3.000 ações que ele possui da empresa X. Ele também fez a compra de 500 ações da empresa Y. O primeiro passo é somar o valor total dessas operações comuns (venda + compra) e, em seguida, fazer o rateamento das taxas. Suponhamos que a quantia total movimentada tenha sido de R$ 25.000. Deste total, R$ 17.500 se refere a venda das ações da empresa X. Fazendo a regra de três, descobrimos que 17.500 é igual a 70% de 25.000. Portanto, 70% do valor total das taxas cobradas na nota pertence a operação de venda e deve ser subtraído do valor da venda. Os 30% restantes devem ser somados ao custo da compra das 500 ações da empresa Y. Agora precisamos saber se o investidor teve lucro ou prejuízo nessa operação de venda. Como ele fez as compras em dias diferentes, ele precisará pegar o custo total da compra apurado na nota do exemplo 1, somar ao custo total do exemplo 3 e dividir pelas 3.000 ações para encontrar o preço médio. Devemos pegar o valor total da venda das 1.500 ações e subtrair a quantia resultante da multiplicação do preço médio por 1.500. Por exemplo, se o custo total da compra das 1.500 ações foi de R$ 15.500 e o valor total da venda foi de R$ 17.490, ele teve um lucro de R$ 1.990.

MERCADO FUTURO

A alíquota de imposto para contratos futuros segue a mesma lógica de ações, sendo 15% para operação comum e 20% para day trade. A diferença começa na forma de apuração dos resultados que acontece diariamente. Todos os dias ao término do pregão, por enquanto o investidor permanecer posicionado em um contrato futuro, ocorre o chamado ajuste diário que resulta em um crédito ou débito na conta do investidor. Ele deve anotar todos os lucros e prejuízos diários, bem como se foi retido algum imposto. As taxas são cobradas somente no momento da entrada e saída da operação. Já a apuração final do resultado para o cálculo da DARF ou compensação de prejuízos futuros, só acontece no mês de encerramento da posição. Não importa se o investidor virou o mês comprado ou vendido em um contrato futuro, pois os resultados dos ajustes diários deverão ser acumulados até o momento em que ocorra a saída da operação.

OPÇÕES

O imposto sobre o lucro obtido com opções não tem segredo, sendo 15% para operação comum e 20% para day trade. O que pode confundir um pouco a cabeça do investidor são as diversas formas de trabalhar com opções. Vejamos os diversos cenários possíveis.

1 - Compra ou venda antes do vencimento

Se o investidor comprou uma opção e vendeu antes do vencimento, o seu lucro líquido será o preço de venda menos o preço de compra e as taxas envolvidas nas operações. O mesmo vale para quem vendeu as opções e depois as comprou.

Exemplo 1: comprou 2 mil calls por R$ 3 mil (valor bruto mais taxas). Vendeu as 2 mil calls por R$ 3.600 (valor bruto menos taxas). O lucro líquido será de R$ 600.

Exemplo 2: vendeu 2 mil calls por R$ 3 mil (valor bruto menos taxas). Comprou as 2 mil calls por R$ 2.400 (valor bruto mais taxas). O lucro líquido será de R$ 600.

2 - Opção de compra exercida

Se o titular da call exerce o seu direito de compra de uma ação, o seu lucro será o valor de venda da ação menos o valor pago por ela mais o valor da call.

Exemplo: comprou 2 mil calls por R$ 3 mil (valor bruto mais taxas). No vencimento, exerceu o direito de compra e adquiriu 2 mil ações da empresa X por R$ 16. Em seguida, lançou ordem de venda das 2 mil ações por R$ 19. A fórmula do lucro líquido será:

(R$ 19 x 2 mil - taxas) - (R$ 16 x 2 mil + taxas) - R$ 3 mil

Já o vendedor da call calcula seu lucro somando o valor do prêmio recebido mais o valor de venda da ação, menos o custo de aquisição da ação.

Exemplo 1 (coberto): vendeu 2 mil calls por R$ 3 mil (valor bruto menos taxas). Já possuía as 2 mil ações da empresa X em sua carteira com preço médio de R$ 16. No dia do vencimento foi exercido e vendeu as 2 mil ações por R$ 16. A fórmula do lucro líquido será de:

(R$ 16 x 2 mil - taxas) + R$ 3 mil - (R$ 16 x 2 mil)

Exemplo 2 (descoberto): vendeu 2 mil calls por R$ 3 mil (valor bruto menos taxas). Não possuía as ações da empresa X em carteira e, no dia do vencimento, foi obrigado a comprar as 2 mil ações a preço de mercado no valor de R$ 19 e as vender ao titular da call por R$16. A fórmula do lucro líquido será de:

(R$ 16 x 2 mil - taxas) + R$ 3 mil - (R$ 19 x 2 mil + taxas)

No exemplo 2, o vendedor teve prejuízo, pois comprou as ações por um preço superior ao que vendeu.

3 - Opção de venda exercida

Se o titular da put exerce o seu direito de venda da ação, seu lucro líquido será o valor da venda menos o valor da compra mais o valor pago pela put.

Exemplo: comprou 2 mil puts por R$ 3 mil (valor bruto mais taxas). No vencimento, exerceu o direito de venda e vendeu 2 mil ações da empresa X por R$ 10. Em seguida, lançou ordem de compra de 2 mil ações da empresa X por R$ 8 cada. A fórmula do lucro líquido será:

(R$ 10 x 2 mil - taxas) - (R$ 8 x 2 mil + taxas) - R$ 3 mil

Já o vendedor da put terá seu lucro líquido calculado somando o valor da venda mais o prêmio recebido menos o custo de aquisição.

Exemplo: vendeu 2 mil puts por R$ 3 mil (valor bruto menos taxas). Foi exercido e teve que comprar 2 mil ações da empresa X por R$ 14. No mesmo dia, lançou ordem de venda por R$ 12 cada. A fórmula do lucro líquido será:

(R$ 12 x 2 mil - taxas) + R$ 3 mil - (R$ 14 x 2 mil + taxas)

No nosso exemplo, o vendedor da put teve um prejuízo, pois o valor do prêmio não foi suficiente para compensar a compra da ação por valor superior a cotação do mercado.

Não é day trade

Se você exerceu uma opção ou foi exercido e comprou ou vendeu os ativos no mesmo dia, não será caracterizado day trade. Na nota de corretagem, as operações de compra e venda ou de venda e compra referente a opção exercida, serão listadas como comuns. Portanto, a alíquota sobre o lucro líquido será de 15%.

ETF

Vai incidir imposto sobre ETFs quando o investidor vender suas cotas e obtiver lucro. A alíquota é de 15% para operação comum e 20% para day trade.

FUNDO IMOBILIÁRIO

Os rendimentos pagos por fundos imobiliários são isentos de impostos para pessoa física, desde que o fundo tenha mais de 50 cotistas, seja negociado exclusivamente em bolsa e que o cotista em questão detenha menos de 10% do patrimônio do fundo. Porém, se o investidor negociar suas cotas e obtiver lucro, ele deverá pagar 20% de imposto tanto para operação comum quanto para day trade, pois não existe diferenciação no caso de fundo imobiliário.

CRIPTOMOEDAS

A tributação de criptomoedas irá ocorrer sempre que o volume mensal de vendas ultrapassar R$ 35 mil e o investidor obtiver lucro. As alíquotas de imposto são as mesmas do ganho de capital.

Ganhos	Imposto
Abaixo de R$ 5 milhões	15%
Entre R$ 5 milhões e R$ 10 milhões	17,5%
Entre R$ 10 milhões e R$ 30 milhões	20%
Acima de R$ 30 milhões	22,5%

A DARF para criptomoedas possui o código 4.600 e deve ser paga até o último dia útil do mês seguinte ao que se apurou o ganho de capital. Ainda não é possível compensar prejuízos de criptomoedas no ano de 2021 em que esse guia é lançado. Futuramente, pode ser que o congresso aprove uma lei com regras que possibilitem a compensação de prejuízos.

As operações acima de R$ 30 mil no mês realizadas em exchanges no exterior ou fora de exchanges, devem ser reportadas até o último dia útil do mês seguinte ao da operação, através do sistema Coleta Nacional.

IMPOSTOS E PREJUÍZOS

Imposto é imposto

Todo o imposto que foi de fato retido na sua nota de corretagem, pode ser abatido do imposto a pagar, seja de day trade ou operações comuns. Suponha que em junho você teve um prejuízo de R$ 300 em day trade, mas em alguns dias do mês você teve lucro e, portanto, o imposto foi retido nesses dias. No mesmo mês, você vendeu acima de R$ 20.000 e teve lucro. Neste caso, todo o imposto retido em day trade e em operações comuns, pode ser abatido do imposto a pagar. E essa regra também vale para opções, ETF, mercado futuro e a termo. Todo o imposto que for retido em suas operações na bolsa, pode e deve ser abatido no valor da DARF. E detalhe: ao contrário dos prejuízos que podem ser levados de um ano para outro, a compensação do imposto retido só pode ocorrer dentro do mesmo ano.

Apesar do imposto devido com a negociação de cotas de fundos imobiliários ser pago com o mesmo código da DARF, o imposto retido, em tese, não deve ser compensado com os outros investimentos listados aqui. Isso porque, na declaração anual, existe uma área separada somente para FIIs, o que dá a entender que o imposto retido nesse tipo de investimento somente deve ser compensado com ele mesmo.

Isenção por CPF e apenas para ações

A isenção de lucro resultante de vendas de até R$ 20 mil no mês é válido somente para ações e por CPF, independente da corretora. Se você vender R$ 10 mil em uma corretora e R$ 15 mil em outra, o valor total será de R$ 25 mil. Neste caso, não tem isenção do lucro e a DARF deverá ser paga, mesmo que o imposto não tenha sido retido em nenhuma das corretoras.

Compensando prejuízos

Todo prejuízo pode ser compensado, desde que o lucro pertença ao mesmo tipo de operação. Não podemos compensar um prejuízo de operação comum em lucro de day trade e vice versa. Também não se pode fazer compensação retroativa. Suponha que em setembro, você não tinha nenhum prejuízo acumulado e obteve lucro de R$ 200 e o imposto terá de ser pago até o último dia útil de outubro. Acontece que em outubro, você registrou prejuízo de R$ 100 e a DARF do mês de setembro ainda não foi paga. Aí você espertinho, pensa que pode utilizar o prejuízo de outubro para abater do lucro de setembro, mas não pode. Isso não é permitido e a DARF terá de ser paga em seu valor normal considerando o lucro de R$ 200. E é importante ressaltar que os prejuízos do mercado à vista, opções, futuro e a termo podem ser compensados entre si, bastando respeitar a regrinha de operação comum e day trade.

Os prejuízos com a negociação de cotas de fundos imobiliários só podem ser compensados entre si. Já os prejuízos com criptomoedas não podem ser compensados nem entre si e nem com nenhum outro ativo.

Prejuízo do ano anterior

O prejuízo não compensado até o último dia útil do ano, pode ser levado para o ano seguinte, desde que seja informado na declaração anual. Suponha que você fechou o ano de 2021 com R$ 500 de prejuízo que ainda não tenha sido aproveitado. Na declaração a ser preenchida em 2022 referente ao ano de 2021, você deve informar o prejuízo acumulado em cada mês. Em 2023, ao preencher a declaração referente ao ano de 2022, você deverá informar na aba de janeiro, qual foi o prejuízo acumulado em dezembro de 2021 para que a Receita saiba que você começou 2022 com prejuízo e compensou durante o ano. E não existe um limite de tempo que você pode carregar prejuízos.

DARF única

Se imposto é imposto, então você pode gerar uma única DARF e pagar o somatório do imposto devido no mês de todas as suas operações em bolsa, desde que você tenha os calculado separadamente e chegado ao valor correto. O código da DARF da renda variável para o investidor pessoa física é 6015 e deve ser paga até o último dia útil do mês seguinte ao que se apurou o lucro. O valor mínimo de uma DARF é de R$ 10. Caso o valor do imposto seja inferior, aguarde até que você tenha mais imposto para pagar. A geração do documento de arrecadação é feita na página da Sicalc da Receita Federal.

RECAPITULANDO

1 - O limite de isenção mensal para volume de vendas de até R$ 20 mil é válido somente para operações comuns com ações. Essa isenção não é válida para nenhum outro investimento.

2 - Todo o imposto retido em operações na bolsa pode ser usado para abater do valor do imposto a ser pago na DARF, exceto fundos imobiliários, pois estes possuem uma área específica na declaração anual que não

sincroniza com os valores informados no meu de renda variável.

3 - Prejuízos de meses anteriores podem ser abatidos de lucros futuros, não importando o tipo de ativo negociado na bolsa, com exceção de fundos imobiliários que só podem compensar entre si. O investidor deve apenas respeitar o tipo de operação: comum com comum e day trade com day trade.

4 - A compensação de prejuízos não é válida no caso de criptomoedas, nem entre criptomoedas e nem entre outros ativos.

5 - Deve ser gerado uma única DARF para pagar o total do imposto devido de todas as operações em bolsa. O código da DARF é 6015 e deve ser paga até o último dia útil do mês seguinte. No caso de criptomoedas, o código da DARF é 4.600.

RENDA FIXA

Na renda fixa, o investidor não precisa apurar lucros e pagar DARF, pois o imposto é retido na fonte. Mas mesmo assim, é interessante saber quais são os investimentos isentos e quais as alíquotas para os não isentos.

LCI, LCA, CRI, CRA

Estes quatro investimentos são isentos de qualquer imposto para pessoa física. Todo o rendimento obtido será líquido.

DEBÊNTURE INCENTIVADA

Quando o investidor seleciona uma debênture na corretora ou no banco, geralmente vem indicado no resumo que se trata de um investimento isento, ou seja, uma debênture incentivada. Mas é aconselhável que o investidor confirme a informação baixando a escritura da emissão da debênture do site da empresa, onde constará a informação de que a debênture goza dos incentivos fiscais que consta no artigo 2° da lei 12.431.

CDB, TESOURO DIRETO E DEBÊNTURE COMUM

Esses títulos possuem alíquotas de imposto que variam de acordo com o tempo de aplicação.

Prazo	Imposto
6 meses	22,5%
6 meses a 1 ano	20%
1 a 2 anos	17,5%
acima de 2 anos	15%

Nos 30 primeiros dias, ainda existe a cobrança de IOF que começa em 96% e vai reduzindo com o passar dos dias, até zerar no 30° dia.

DECLARAÇÃO ANUAL DO IR

Se durante o ano, você efetuou qualquer operação na bolsa, mesmo que tenha sido uma única operação de valor super baixo e que ainda teve prejuízo, você está obrigado a declarar o imposto de renda. Caso você não declare, a Receita Federal irá bloquear o seu CPF em algum momento após o prazo de entrega terminar. Para efetuar o desbloqueio, basta entregar a declaração informando todos os seus resultados mensais na bolsa. Quanto mais tempo você demorar para enviar sua declaração, maiores são as chances de a Receita inventar cobranças que você não tem de pagar. O investidor também está obrigado a informar todas as criptomoedas cujo os valores de aquisição foram superiores a R$ 5 mil.

INFORME DE RENDIMENTOS E NOTAS

O informe de rendimentos que sua corretora te entrega no começo de cada ano é somente para seu uso pessoal. O documento oficial que é usado para apurar os resultados mensais e preencher a declaração anual é a nota de corretagem. Inclusive é importante que você guarde suas notas para caso precise prestar algum esclarecimento a Receita, pois eles não aceitam outros documentos. Se você planeja encerrar a conta na sua corretora, não esqueça de baixar todas as notas antes.

AÇÕES, FUTUROS, OPÇÕES E ETF

Resultados mensais

Os lucros ou prejuízos mensais com estes investimentos, devem ser informados no seguinte menu dentro do programa IRPF da Receita:

Renda Variável > Operações Comuns / Day Trade

Neste menu, você irá informar os lucros ou prejuízos mensais de cada um desses investimentos. Se teve prejuízo, deverá colocar um sinal de menos na frente do valor para que o programa reconheça o prejuízo. Exemplo: -500. No caso de ETFs, não existe um campo específico para esse investimento, portanto, informe os resultados no mesmo campo de ações.

No final de cada aba mensal, existem três campos que podem e devem ser preenchidos: IR fonte de Day Trade no mês, IR fonte (Lei n° 11.033/2004) e Imposto pago. O primeiro se refere a todo o imposto que foi retido no mês nas operações de day trade. O segundo é o imposto retido nas operações comuns e o terceiro se refere ao valor pago na DARF do mês.

Restituição

Se após preencher todos os meses ainda houver saldo de IR fonte (Lei n° 11.033) a compensar, o valor exato deve ser informado no menu Imposto Pago/Retido, na linha 03 para que seja restituído ou abatido do imposto a pagar na declaração. Já para a restituição do imposto de day trade, deve ser utilizado o programa PERDCOMP, porém não existem instruções oficiais sobre como fazer isso. O melhor é esquecer esse imposto e não tentar a restituição.

Ativos na carteira

Se você virou o ano com ações na carteira, deverá informar no menu Bens e Direitos com o código 31, a quantidade de ações que possui de determinada empresa e o valor total pago pelas ações. Não importa qual tenha sido o valor da cotação no último dia do ano, pois o que importa é quanto você pagou para adquirir aquele número de ações. Já os ativos do mercado futuro e opções, também devem ser informados em Bens e Direitos, porém com o código 47. O código para ETFs é o 74.

O campo discriminação é onde você deve descrever o ativo que está cadastrando. Exemplo: 1.500 ações VALE3. Mas lembre-se que você deve cadastrar um ativo por vez. Se você possui ações de mais de uma empresa, elas devem ser lançadas separadamente. O mesmo vale para ações ON e PN da mesma empresa, pois são ativos diferentes.

Ativos com venda parcial

Quando um mesmo ativo é comprado em datas diferentes e a preços diferentes e posteriormente é feito uma venda parcial, a quantidade restante na carteira deve ser multiplicada pelo preço médio de compra. O cálculo do preço médio já foi explicado no exemplo 4 do tópico de ações, mas basta somar o custo total de todas as compras do ativo e dividir pelo número de ativos. Exemplo: um investidor possui 3 mil ações com preço médio de R$ 15 e resolve vender 1200 no mês de dezembro. Ele virou o ano com 1800 ações na carteira que deverão ser informadas em Bens e Direitos. Porém, o valor a ser informado será o preço médio multiplicado por 1800.

Dividendos

Os dividendos recebidos por ações são isentos e devem ser informados em Rendimentos Isentos e não Tributáveis, 09-Lucros e dividendos recebidos.

FUNDO IMOBILIÁRIO

Resultados mensais

O resultado mensal das negociações de compra e venda com as cotas de fundo imobiliário devem ser informados no seguinte menu:

Renda Variável / Operações Fundos Invest. Imob.

Ao inserir um resultado, o programa automaticamente informará o imposto que você deveria ter pago, pois lembre-se: qualquer lucro obtido com a negociação de cotas de fundos imobiliários é tributado em 20%. Também existe um campo para você preencher o imposto retido e quanto de imposto você pagou. Mas atenção: ao informar o imposto pago, você deverá preencher somente o valor que corresponde ao fundo

imobiliário e não o valor total da DARF que inclui outros investimentos. Por exemplo, se você obteve lucro
tributável com ações que gerou um imposto de R$ 150
e lucro da negociação de FIIs que gerou um imposto
de R$ 50, você pode pagar os R$ 200 de forma unifi-
cada em uma DARF com código 6015, mas deverá se-
parar os valores na hora de preencher a declaração
anual.

Rendimentos isentos

Os dividendos pagos por fundos imobiliários são
isentos, mas devem ser informados na declaração no
menu Rendimentos Isentos e Não Tributáveis. Em
Tipo de Rendimento, selecione 26-Outros e preencha
todas as informações.

Restituição

O imposto retido nas vendas de cotas que não tenha sido compensado até o último dia útil do ano,
pode ser lançado na linha 03 de Imposto Pago/Retido.

Cotas na carteira

As cotas que permaneceram na sua carteira na virada do ano, devem ser declaradas no menu Bens e Direitos com o código 73. Assim como outros ativos de renda variável, o valor a ser informado é o custo total pago pelas cotas e não quanto a cota estava valendo no último dia do ano.

CRIPTOMOEDAS

Todas as criptomoedas cujo o valor total de aquisição tenha sido superior a R$ 5 mil, devem ser declaradas. Suponha que você tenha comprado R$ 6 mil em bitcoins e R$ 3 mil de alguma outra criptomoeda e que ambas as moedas viraram o ano na sua carteira de investimentos. Neste caso, você está obrigado a declarar somente os bitcoins.

A posse de bitcoins deve ser informada no menu Bens e Direitos, código 81. Para outras criptomoedas, utilize o código 82.

RENDA FIXA

Os rendimentos de títulos de renda fixa que possuem a cobrança de imposto retido na fonte, devem ser informados em Rendimentos Sujeitos à Tributação Exclusiva/Definitiva, selecionando a opção 06. Já os títulos que são isentos de impostos, devem ter os rendimentos informados em Rendimentos Isentos e não Tributáveis, opção 12. A opção para debêntures incentivadas é 26-outros.

O saldo das aplicações de renda fixa deve ser informado em Bens e Direitos com o código 45. Isso vale tanto para títulos tributáveis quanto para isentos. No caso da poupança, deve ser utilizado o código 41.

REFORMA TRIBUTÁRIA

Está em andamento no congresso, uma reforma tributária que, **se aprovada**, irá alterar alguns pontos dos investimentos de renda variável. Mas vale ressaltar que esses pontos não alteram a lógica de como se calcula o lucro ou prejuízo de operações na bolsa. O investidor terá que se atentar apenas as mudanças de alíquota que podem vir a ocorrer. Segue abaixo uma lista com as possíveis mudanças:

1 - Tributação de dividendos de ações: esse fator não exigirá nenhuma ação por parte do investidor, pois a tributação ocorrerá na fonte. Caso essa mudança de fato aconteça, a declaração dos dividendos passará a ser feita em Rendimentos Sujeitos à Tributação Exclusiva/Definitiva.

2 - Alíquota de day trade: a proposta da reforma pretende reduzir de 20% para 15% a alíquota das operações day trade se igualando as operações comuns.

3 - Compensação de prejuízos: caso a alíquota de day trade seja mesmo reduzida para 15%, será possível compensar todo o tipo de prejuízo na bolsa, não importando se é de operação comum ou de day trade. Ou seja, se um investidor auferir lucro de R$ 200 em um mês no day trade, mas obtiver prejuízo de R$ 200 com operação comum, ele não terá imposto a pagar referente a aquele mês.

4 - Imposto trimestral: a reforma em andamento propõe que o pagamento da DARF seja trimestral e não mais mensal como é atualmente.

5 - Limite de isenção trimestral: se a frequência do imposto for alterada, o limite de isenção para volume de venda de ações passaria dos atuais R$ 20 mil mensais para R$ 60 mil trimestral. Na prática, o valor não muda, mas seria possível um investidor vender até R$ 60 mil em um único mês sem pagar imposto, pois ele estaria utilizando toda a sua cota de isenção trimestral de uma só vez.

Lembrando que, mesmo que a proposta seja aprovada em 2021, ela somente passaria a valer para as operações realizadas em 2022. A declaração do IR a ser entregue em 2022 referente ao ano de 2021, deve seguir as regras vigentes em 2021.